WOLFGANG M. SCHNELLER

Im Herbst wird jedes Blatt zur Blüte

Lyrische Betrachtungen zur dritten Jahreszeit

Mit Fotos von Hildegard Wandt

Kunstverlag Josef Fink

Inhalt

Einführung

Wer sich gerne in freier Natur bewegt und nicht nur im Frühjahr und Sommer, sondern gerade auch im Herbst Berge und Täler, Landschaften, Wege, Bäume, Blätter und Blumen und all die zauberhaften Farbenspiele der Schöpfung mit wachen Sinnen zu betrachten und in sich aufzunehmen weiß, wird gerne dem Wort des französischen Schriftstellers und Philosophen Albert Camus (1913–1960) zustimmen, das ich diesem Lyrikbändchen voranstelle:

Im Herbst wird jedes Blatt zur Blüte

Viele Menschen fürchten in der dritten Jahreszeit – zumal im November – melancholische, vielleicht sogar depressive Gefühle auslösende Stimmungen voller Wehmut. Ihnen stehen Abschiedsgedanken, dunkle Tage, Sterben und Tod mehr vor Augen als die Freude an der bunten Vielfalt, mit der sich die Natur jetzt noch einmal aufschwingt, bevor sie sich zur Winterpause zurückzieht. Wer diese Zeit mit wachen Sinnen erleben kann, weiß auch, dass sich unter den Knospen schon ein neuer Frühling bereit macht.

Auch im „Herbst" des Lebens, in vorgerücktem Alter, gibt es manchmal ein frühlingshaftes Aufblühen einer Liebe – oft überraschend und kostbar. Glauben Sie mir, ich weiß, wovon ich spreche. Ich wünsche Ihnen, liebe Leserin, lieber Leser, dass Sie sich berühren und ermutigen lassen von meiner frohen, manchmal auch kühnen Zuversicht, dass unsere Natur so vieles zu schenken vermag. Meine Poesie will Sie dazu einladen, dieses Leben zu feiern.

Mein herzlicher Dank gebührt Hildegard Wandt für ihre trefflichen, berührenden Bilder, die diesem Werk ihren prägenden Rahmen schenken.

Wolfgang Maximilian Schneller

Spätsommer

Es riecht schon nach Herbst in der Frühe,
Das Sommergold fügt sich den Pflügen.
Die Schwalben denken ans Fliegen
Und von den Almen zieh'n Kühe.

In den Gärten schwellen die Früchte,
Sie locken die Blätter ins Bunte.
Der Herbstwind sucht seine Stunde,
Dass er sein Werk bald verrichte.

Wie Sonnenblumen sich neigen,
So strebe zum Lichte von oben,
Wie sie ins Vergehen verwoben,
Darin sich die Fülle wird zeigen.

Wie ein Herbstblatt im Winde zu tanzen,
Schwingt sich dein Herz leicht empor,
Gewinnt endlich, was es verlor,
Vermählt sich als Teil mit dem Ganzen.

Noch sind dir die Wege verborgen,
Doch es duftet nach neuem Erwachen.
In allem ist heiteres Lachen,
Brich auf in den herbstlichen Morgen!

September

Septemberlüfte leicht und klar
Und letzte Sommersonne
Verwandeln Trauben wunderbar
In süßen Weines Wonne.

Nun naht des Winzers scharfer Schnitt,
Es muss geerntet sein.
Des Todes Wehen schwingen mit
Für einen guten Wein.

Das Weinland welkt dahin,
Rebstöcke kahl und bloß,
Doch ihres Lebens Sinn
Zeigt allen Daseins Los:

Was lebt aus tiefen Gründen,
Bringt Frucht zur rechten Zeit,
Um jederzeit zu künden
Von neuer Seligkeit.

Das bleib in unserem Leben
Als Siegel unversehrt:
Dass – gleich, ob krumm, ob eben –
Alles die Liebe mehrt.

Am Weinstock

Wie viele Sonnenstunden, Nächte
Gaben Farbe dir und Saft,
Wie viel Erd- und Himmelsmächte
Vermählten sich zu deiner Kraft?

Trink noch den späten Sommer ganz,
Dass alle Frucht zur Reife schwillt,
Bis jede Rebe voller Glanz
Das Werk der Kelter nahen fühlt.

Die Trauben sterben in den Wein,
Verschenken sich im Freudentrank.
So will auch ich gewandelt sein
Zu meinem Heil – dir Gott sei Dank!

Herbst

Jetzt ist es Zeit, die Früchte einzuholen,
Bevor der Sturm die Bäume leert.
Was später Sommer uns beschert,
Wird als Vermächtnis uns befohlen.

Mit kalten, grauen Nebeltüchern
Verhüllt November alle Pracht,
Und in der langen Winternacht
Bleibt nur der Sonnenblick aus Büchern.

Doch seh ich's glänzen in den Erlen,
Wenn's still und tot fast um mich her,
Auf allen Zweigen, arm und leer,
Da glitzert's tausendfach in Perlen.

In den feuchten, kühlen Schwaden
Ein Atmen wie im Brautgemach,
Die Äcker fruchterwartend brach
Begehren lustvoll drin zu baden.

Wie weise lockt der Wintertod
Uns durch die Nacht zum Leben,
Lässt uns ins Licht voll Sehnsucht streben,
Und unterm Eis wächst neues Brot.

Ich weiß: In allen Knospen treibt
Schon heimlich, frühlingshaft sein Spiel,
Der alles, alles segnen will,
Er ist's, der war und kommt und bleibt.

Erntezeit

Die letzten Früchte fallen weit,
Die Blätter schaukeln nieder.
Oh farbige Septemberzeit,
Sing uns der Ernte Lieder!

Was wieder unsere Scheunen füllt,
Von Jahres Reichtum spricht,
Prägt sich den Seelen ein als Bild,
Als immerwährendes Gedicht:

Hab keine Angst vor dem Vergehen,
Nicht, wenn sich Dunkel mehrt,
Lass es geheimnisvoll geschehen,
Dass Leere sich in Fülle kehrt.

Was herbstlich ins Verlöschen sinkt,
Weiß schon um Lebens Keim.
Nichts ist verloren, sondern dringt
Hinein ins göttliche Daheim.

Was still sich wandelt Tag und Nacht,
Trägt kraftvoll auch dein Leben.
Es ist der Liebe Schöpfermacht –
Sie will dich weiten – heben!

Erntedank

Jetzt schüttelt man von vollen Bäumen,
Bewahrt von allem nur das Beste.
Da ist es gut, nicht zu versäumen
Zu verschenken auch an Gäste.

Man darf sich reicher Fülle freuen,
Doch mahnt sie uns im Stillen,
Im Überfluss uns nicht zu scheuen
Zu teilen ohne Widerwillen.

Wir erheben Geist und Hände
Aus ganzem Herzen: Erntedank!

Doch wird Gebet erst dann zur Spende,
Fließt daraus Liebestatendrang.

Die Bäume – leer von Blatt und Frucht –
Künden uns dann geheimnisvoll:
Reich ist, wer keinen Reichtum sucht,
Vielmehr wer will des Nächsten Wohl.

Was Jahr für Jahr uns neu geschenkt,
Verdirbt nicht, wenn man's weitergibt
Aus Dankbarkeit – ganz unbedrängt.
Schenk Liebe, denn du bist geliebt!

Herbstlied

Ich mag den Herbst mehr als den Mai,
Weil er zur Höhe führt.
Wenn jeder Baum jetzt Blatt um Blatt verliert
Und goldenes Verglühen mich berührt,
Wenn alles stürmt: vorbei, vorbei,
Dann wird der Blick zum Himmel frei.

Der kahlen Äste edle Leere
Entlässt die Farben leicht,
Sanft wiegend, wie veratmend weicht
Zur Erde, was der Erde gleicht,
Damit ihr alles ganz gehöre
Und nichts den Blick nach oben störe.

Ich mag der Bäume stilles Stehen,
Ich schweig ihr Schweigen mit,
Darin versunken lockt das Lied
Des Nichts, aus dem die Fülle tritt:
In allem herbstlichen Vergehen
Ruft mich das große Auferstehen!

Herbstabend am Fluss

Sonne zaubert Abendkühle
Auf des Wassers Spiegelbild.
Es weckt in mir so licht und mild
Helle, strahlende Gefühle.

Sich lassen in dies Farbenspiel,
Erspüren leiser Lüfte Weh'n,
Tief atmend ganz nach innen geh'n -
Das ist ein schönes Tagesziel!

Bald wird der Oktoberwind
Dies Bild zerstieben voller Lust
Und wieder wird uns wohl bewusst,
Wie sehr vergänglich wir doch sind.

Alles ist Kommen und Enteilen,
Keiner setzt je seinen Fuß
Zweimal in den gleichen Fluss
Und doch lockt ein Verweilen:

Gerade dieses „immer weiter"
Nehme ich als Trost und Gnade
Mit auf meine weiteren Pfade
Dankbar, hoffnungsfroh und heiter.

Rosen

Die Rose ist des Gartens Glanz,
Ob rot, ob weiß – gut spielt sie ihre Rolle
Als oft verborgene, geheimnisvolle
Königin mit Eleganz.

Kaum ging der Frühling, will sie sprossen,
Um Liebesstürme zu erwecken,
Vielleicht auch, um zu necken
Und aufzuheitern, wer verdrossen.

Die Rose kennt der Liebe Wechselspiel,
Sie schenkt mal Duft, mal Dornenstich,
Verhüllt mit keuschen Blättern sich,
Wenn des Begehrens ihr zu viel.

Herbstnächte können ihr nicht drohen
Nicht wilder Lüfte Leidenschaft,
Nur blühen soll sie zauberhaft,
Sie lacht der Mächte, die entflohen.

Die Rose ist des Gartens Meisterin,
Sie will sich nur verschenken,
Furchtlos, ohne Bedenken,
Zu zeigen, es genügt: Ich bin.

Verwurzelt und verschenkt

Vergangen ist des Maien Grün,
Entschwunden milder Nächte Hauch.
Des Sommers sonnengold'nes Licht
Verlöscht in Blättern, welkt dahin.
Herbst weht in wildem Sturmgefauch,
Doch meine Bäume kümmert's nicht.

Ich ahne ihre Weisheit wohl:
Verwurzelt sei in Gottes Grund,
Willst du hochrecken dich als Held!
Du wirst des Lebens Fülle voll,
Wenn du bezeugst zu jeder Stund:
Ich bin verschenkt an diese Welt!

Drum lasst uns diesem Leben trau'n,
Das grünen hilft und blühen lehrt,
Uns Frucht gebiert allzeit begehrt.
Vom Glauben wandern wir zum Schau'n,
Auch wenn die Nacht noch lange währt,
Sie i s t schon Licht. Es i s t schon „Jetzt"!

Vogelzug im September

Mir scheint, dies ist des nahen Herbstes Himmelsbild,
Dass nun die Schwalben in den Süden ziehen
In Schwärmen, Wolken gleich, nicht aufzuhalten.
Sie folgen dem Erinnern an sonnenwarme Zonen,
Uns bleibt nur hoffend Warten auf ihre Wiederkehr.

Wenn ich es recht betrachte, stimmt's mich heiter,
Dies jährlich Schauspiel von Kommen und Entschwinden.
Es ist des Lebens Rhythmus, ein Gleichmaß aller Kreatur.
Ein immerwährendes Beginnen, Bleiben und Vergeh'n.
Das will ich dazu tun: Gelassen sein und danken!

Wenn wie die Vogelschar nun auch die Blätter fliehen,
Der Bäume Nacktheit wieder Blütenträume weckt,
Die Tage schwinden und die Nacht sich mehrt,
Bleibt uns Geborgenheit am Herd lebendiger Welt
Und eine große Gegenwart am Puls des Lebens.

Waldspaziergang

So oft zieht es mich in den Wald,
Als rief er mich beim Namen.
Es lockt mich wie ein Zauber bald,
Ich lasse mich umrahmen

Von windbewegtem Rauschen
Der Bäume, Zweige, ihrem Winken,
Ich lasse los, will nur noch lauschen,
In dieser Urkraft Schweigen sinken.

Noch jetzt in herbstlichem Vergehen
Öffnet sich ein seltsam Blühen –
Der Blätter Farbenpracht zu sehen
In ihrem Fallen und Verglühen.

Ich setze leise meine Schritte
In frühlingshaft gestimmten Tanz,
Atme aus tiefer Wesensmitte
Der großen Einheit Nähe ganz.

Aus solcher Einzigartigkeit
Geh ich nach Hause, voller Glück,
Verwandelt, ja, so leicht und weit –
Dem Himmel näher um ein Stück!

Abschied vom Garten

Was noch zu tun war, ist getan,
Das andere kann warten.
Schon legt sich wie ein sanfter Plan
Schweigen über meinen Garten.

Ausatmend lass ich alles los,
Was Leben in mir blühte,
Ich lege alles in den Schoß
Dessen, der mit mir sich mühte.

Geheimnisvoll ein neues Hoffen,
Da ist kein Blick zurück.
Ewiges Heute steht mir offen
Ganz jung und voller Glück!

Herbstliche Gedanken

Schon ist es wieder fast vorbei
Das gold'ne Blätterblühen,
Schau, es erlischt in müdem Laub!
Und auch der Krähen wilder Schrei
Erinnert mich an's Weiterziehen –
Alles vergeht – es bleibt nur Staub.

Mir ist, als werde ich vertrieben
Aus einem bunten Farbengarten,
Doch ist es nur des Jahres Lauf,
In allen Lebens Gang fest eingeschrieben.
Die Nebel lehren mich das Warten,
Und in den Bergen steht der Winter auf.

So lass ich kommen, was da will,
Lass, was das Jahr mir schenkte, reifen.
Ich bleib gelassen, wach und heiter,
Denk schon ein wenig an April.
Die Winde durch die Gassen pfeifen,
Nun ja, und morgen sieht man weiter.

Was geht – was bleibt

Wenn das Jahr in sich zusammenströmt,
Wird sich im Laub unzähliger Lebensbäume
Etwas finden, das zu bewahren lohnt?
Wird vieles nur als Kehricht enden,
Was glanzvoll aufstieg und verdarb?

Schon viele Jahresläufe lang
Vollzog sich Werden und Vergehen.
Wir durchwandern Glück und Kummer,
Bedenken zurückgelassenes Sein,
Das unsern Weg mit Reife füllt.

Was uns im Lebensbecher wird gereicht,
In klaren Kelchen Nektar aus dem Himmel,
Füllt unsere Seelen reich und lässt uns ahnen,
Wie weit noch unserer Sehnsucht Hoffen –
Wie viele Stufen noch, die uns zur Höhe locken?

Was jetzt zu schwer wird, sinkt zur Erde,
Sogar der bunten Blätter Leichtigkeit.
Was auch verweht und fällt, wird bleiben,
Denn im Vergehen wächst neuer Lebensgrund,
In allem Fallen noch sind wir treu geborgen.

Liebesahnung im Herbst

Ein seltsam ungestüm Begehren
Bewegt wie Taumelflug mein Herz,
Ein Flüstern – fast zu überhören,
Nicht erdnah, vielmehr himmelwärts.

Ist es der Anfang einer Liebe,
Trotz wilder Stürme dumpfer Kraft?
Wenn es nur bei Träumen bliebe,
Versinkt dann alles rätselhaft?

Nein, der Natur will ich vertrauen.
Was scheinbar sich in Fernen flüchtet,
Keimt schon – wann werd' ich es schauen,
Was ich frühlingshaft gesichtet?

Es ist ein Hoffen, das nicht stirbt,
Bis sich aus dunklem Sehnen windet
Der Liebe Glück, das nie verdirbt,
Weil endlich Herz zum Herzen findet.

Abendstimmung

Am Fenster steh ich still, bewegt,
Sehe, wie das Licht versinkt,
Am Himmel Federwolken zieh'n
So leicht und frei nach Osten hin.
Der Vögel Abendlied verklingt,
Indes die Sonne untergeht.

Leerer Bäume Schattenbild,
Darunter sanft der Tag sich neigt,
Lässt in ihr standhaft stilles Sein
Die Nacht wie einen Gast herein.
Wenn jede Kreatur nun schweigt,
Deckt alles bald des Dunkels Schild.

Es ist ein heimlich Fest der Sinne,
Was sich dem Schauenden entbirgt,
Wenn sich öffnen Innenräume,
Weiter Horizont für Träume
Und ein Erkennen, wer dies wirkt,
Das ich als tiefes Glück gewinne.

Nach dem Urlaub

Es war so gut, einmal zu fliehen,
Das Altvertraute loszulassen.
Wie gut, sich ganz zurückzuziehen
Von so viel eingefahrenen Straßen!

Das Auge saugt sich satt an Weiten,
An Bergen, Höhen, Wolkentürmen ...
Ich merk beim ruhig Vorwärtsschreiten,
Wie's in mir nachlässt mit den Stürmen.

Allmählich öffnen sich die Sinne,
Als kämen sie aus Hungersnot;
Im Hören, Fühlen wird mir inne,
Wo sich ein Glück zum Greifen bot.

Ich will der Stille Raum gewähren,
Will nichts erhaschen, nichts erzwingen.
Ich will der Eile in mir wehren,
Will spüren, neue Lieder singen.

Was bleibt von solch erfüllten Stunden?
Sie schwinden, doch die Fülle währt,
Ist in die Seele eingebunden
Als Schatz, davon das Herz sich nährt.

Und wenn in langen Wintertagen
Nebel und Schatten mich bedrängen,
Dann soll'n mich lichte Mächte tragen:
Ich lausche meinen Sommerklängen!

November

November werd die Wutz* geschlacht',
So singt man in der Pfalz,
Geräuchert, konserviert mit Salz,
Wird Wintervorrat klargemacht.

Der Monat scheint von Todeshauch
Durchweht, und Nebelfahnen
Umweh'n die Gräber uns'rer Ahnen.
Wart' nur, bald ruhst du auch?

Nein, auch jetzt wird neu geboren,
Verborgen, unsichtbar,

Bald – im Frühjahr wird es wahr:
Das Leben gibt sich nicht verloren.

Wie alle Farben sich im Licht
Selbst noch im Grau verbergen,
So bleibt doch Gott am Werken
Auch außer uns'rer Sicht.

Drum löse dich aus Grauen,
Lass über Klingen springen,
Was dich will niederzwingen,
Du wirst das Leben schauen.

* pfälzisch: Schwein

Ostern im November

Wie geht es uns an solchen Tagen,
Allerheiligen – ein Fest?
Ein Tag mit manchem Unbehagen –
Wie soll man feiern, was verwest?

Hört her, ich glaube nicht an Tod,
Ich glaube an das wahre Leben,
An einer Liebe Angebot
Zur ewigen Freude uns gegeben!

Der Tod ist nicht das letzte Wort,
Drauf dürfen wir vertrauen.
Darum ist unser letzter Hort
Kein Abschiedsort mit Grauen.

Friedhof – ein Ort der Lebenden?
Platz zum Gedenken sicherlich.
Doch hier wird Gottes Ja nicht enden,
Er liebt uns ewig – ja, auch dich!

Des Todes Absolutheit weicht –
Nicht kalte Leere, schwarzes Nichts
Wird uns am Ende zugereicht,
Es ist der Glanz des Osterlichts!

So schenk dein Leben wie dein Ende
– War's gut? – Ging was daneben? –
Zurück in Gottes Vaterhände,
Er schenkt in Wahrheit ewiges Leben!

Nebelgedanken

Was ist, wenn alles um mich her
In öde Nebelschleier fällt?
Wenn keine Hand, kein Trost mich hält –
Sag, wer schenkt neue Hoffnung, wer?

Spür' ich hinein in dieses Schweigen –
Ist alles Nichts darin geborgen?
Zeigt sich noch lebenswertes Morgen?
Lastend Atmen ist mein Eigen.

Auf einmal flammt aus letzter Glut
Hell keimend frühlingshaftes Ahnen,
Will himmelnah mich überspannen –
Zaghaft frischer Lebensmut?

Durch Nebel dringt der Sonne Macht,
Eröffnet neuen Horizont,
Ein leichtes Trauen mich bewohnt,
Ein liebend Ja, mir zugedacht ...

So scheuche ich die Zweifel fort,
Werf' mich als Tropfen in das Meer
Der Liebe Gottes – hoffe sehr:
Dies ist mein Lebens-Heimatort.

Nebeltag – Positiv

Ich weiß nicht, was die Leute haben,
Die über den November stöhnen,
Statt sich damit zu versöhnen,
Dass wir auch diesen Monat haben.

Mutter Natur braucht diese Pause.
Nach geglücktem Wachsen, Sprießen
Dürfen wir viel Frucht genießen,
Zufrieden, dankbar und zuhause.

Voll Staunen geht der Blick zurück
Durch das Jahr, das uns gegeben,
Im Auf und Ab erfülltes Leben,
Und dann und wann ein kleines Glück.

Treiben draußen Nebelschwaden,
Sitze ich doch wohl geborgen,
Brauche nur für heute sorgen,
Vertrau' auch morgen guten Pfaden.

November, das ist eine Zeit,
So recht, um bei sich selbst zu bleiben,
Vielleicht auch, Briefe jetzt zu schreiben
Und Liebe schenken weit und breit.

November-Grippe

Vorsicht, Leute – Grippezeit!
Auch mich hat sie gepackt,
Gliederschmerzen, Heiserkeit,
Ich fühl' mich ganz vertrackt!

Der Doktor sieht's mit einem Blick:
„Der Grippevirus der Saison!
Er ist ein superfieses Stück!"
Wer bringt ihn zur Raison?

Etwa ein Antibiotikum
Gegen all die vielen -kokken?
Der Virus kichert ganz immun,
Lässt mich mit Fieber schocken.

Der Virus lacht, der Doktor lacht,
Es lacht der Apotheker,
Nur ich hab' nichts, was Freude macht,
Ich hab' nur den Erreger!

Ich lese noch den Beipackzettel
Als interessierter Denker,
Verstehe nichts vom ganzen Bettel
Und werde nur noch kränker.

Bis endlich dann – am siebten Tag –
Die läst'ge Grippeplage
Verschwindet, wo sie bleiben mag,
In unsrer Kläranlage.

Ich wünsche allen Grippis heute:
Lasst euren Mut nicht sinken!
Was unseren Virus gestern freute,
Das soll ihm morgen stinken!

Tränentag

Wenn Nebeltage dich bedrücken,
ein graues Nichts das Auge trübt,
sind Tränen nicht mehr weit.
Was löst dich aus der Einsamkeit?
Ein Ruf: Brich auf – du bist geliebt! –
Auch dieser Tag wird glücken!

Im Gehen weicht die Schwere,
Ins Entdecken führt dein Lauf –
Schau vor dir dieses Blatt,
Es leuchtet wie Achat,
fängt deine Tränen auf –
Es spricht in deine Leere:

Fühlst du, was ich dir sagen mag?
Öffne dich zu neuem Sehen –
Du bist so wohl geborgen,
Hab keine Angst vor morgen,
Der Nebel wird vergehen –
Bleib dankbar auch an diesem Tag!

Am Fluss

Weg vom Straßenlärm flieh' ich in die Stille
Zum Uferweg am ruhigen Fluss entlang,
Wo nur noch Wasser leise fließend tuschelt,
Das Licht des späten Tages in den Wellen badet
Und welkes Laubwerk meine Schritte dämpft.

Vom nahen Kirchturm hell vertrauter Klang,
Der Glocken Stundenschlag wie ein Verlocken,
Ins Schweigen wach und dankbar einzutauchen.
Tief atmend fühle ich den Weg durch dieses Jetzt,
Unhörbar noch die Botschaft inn'rer Klarheit.

Dunkel, doch wohlbekannt führt mich der Pfad
Umsäumt von Bäumen, Büschen blätterlos
Und doch geheimnisreich mit sanfter Kraft
Einladend, dem Verborgenen nachzulauschen,
Das nun in aller Kargheit sich zur Sprache formt.

In jedem Winkel, jedem Baum ein Warten
Auf Hoffnung, Werden und Vergehen,
Fast wie ein Lächeln, scheu, noch unerweckt
Und doch so fern von Frühlingsklängen,
Die jetzt noch sehnsuchtsvoll verborgen.

Zeit der Verwandlung

Pilger sind wir – mit aufbruchwachen Sinnen
Im Spüren und Erkennen der Natur Gesang,
so hell durchtönend unsere Schattenwelt.
In allem Sein und im Geschehenlassen noch
Erwacht in uns der Dinge Wesen voller Kraft.

Auch diese Herbstzeit ist kein Jammertal,
Das uns den Blick will trüben auf das Licht.
Sie will uns vielmehr Brücke sein in Weiten,
Durchlichten unserer Gedanken Nebel,
Den Alltag wandeln in Übung stiller Freude.

Wie wir im Herbst für neue Früchte danken,
So gilt uns selbst der Reife ewige Wandlung,
Auftrag zur Wachheit und zum Neubeginn,
Zum Lassen, Wachsen und Verschenken,
Damit uns eigen wird ein ewig gültiger Sinn.

Danke, lieber Herbst!

Was könnte mehr als anmutige Bewunderung
der Farbenfülle herbstlicher Tage huldigen?
Ich wünschte sehr, noch viele Zeitgenossen
Entschlössen sich darum zur Langsamkeit
Und gönnten sich viel Ruhe und Verweilen.

Wenn ich still an mein Fenster trete,
Die schlank verzweigten Bäume sehe,
Sie alle Lebensraum für Specht und Meise,
Für Eichhörnchen und auch für Rabenvögel,
Dann freu' ich mich voll Dankbarkeit.

Ein jeder Tag schenkt Überraschungen in Fülle,
Sie laden ein zu absichtslosem Staunen,
Zur Kunst „Lebendigsein mit ganzem Herzen".
Drum schenkt der Herbst mir frohen Mut –
Uns alle trägt die eine Kraft: Es ist die Liebe.

Staunen

„Wenn ihr nicht werdet wie die Kinder" -
Ein Wort, das wohl die Klugen stört.
Doch Kinder können Staunen lehren,
Sie zeigen uns der Wunder Fülle,
Sie brauchen nicht Naturgesetze,
Denn diese selbst sind wundervoll.

Nicht nur der Frühling lehrt uns Staunen,
Wenn schwarzer Erde Grün entsprießt,
Auch in der Bäume Herbst und Farbentanz
Ergreift uns ganz ein tieferes Erkennen,
Das unseres Lebens Leere heilt.

In allem Staunen west die Stille,
Denn sie bewahrt uns unerschöpflich
Ein insgeheim nichtwissendes Erkennen,
Ein wundersam Verstehen voller Glück
Und dann ein selig Schweigen.

Laub kehren

Nun stiebt er wieder ausgelassen,
Der herbstlich bunte Blätterwind,
Schmückt Plätze, Wege, alle Gassen
Mit des Novembers Angebind'.

Der Blätter farbig goldnes Glüh'n
Erfreut nur leider alle nicht;
So mancher meidet gern die Müh'n,
Der Laubentsorgung läst'ge Pflicht.

Mein Nachbar fürchtet sich davor,
Dass der Nordost sich dreht
Und ihm genau vors Gartentor
Mein Laub hinüberweht.

Ich wünsch' ihm viel Gelassenheit
Und dass er's heiter nimmt,
Dann wird auch diese Jahreszeit
Ihm innerlich verblümt.

Und bläst der Herbstwind aus Südwest
Des Nachbarn Laub zu mir,
Wünsch ich ihm Blatt für Blatt das Best'
Zurück vor seine Tür.

Herbstwetter

Wenn Regengüsse durch die Lüfte wehen,
Wenn Bäume seufzend sich zur Seite drehen,
Dann fliehen wir mit eingezogenen Hauben
Schnell heimwärts, wo wir uns erlauben
Bei heißem Glühwein oder Tee
Uns auszuruh'n von Kopf bis Zeh.

Dort denk ich nach, warum der Wind
Uns heimwärts drängte so geschwind,
Er blieb doch selbst ganz unsichtbar,
Das ist zwar seltsam, aber wahr:
Vielleicht, denk ich, will er nur sehen,
Dass wir ein bisschen schneller gehen.

Der Wind will sich halt herbstlich zeigen –
Er will, dass wir ihm auch bezeugen,
Wie wir ihn spür'n – gern oder nicht,
Dass wir erlauschen, was er spricht;
Bei jedem Wetter lädt er uns arglos ein:
Lasst eure Seele tanzen – und sich freu'n!

Alles offen

Beim Frühlicht trieb es mich ins Freie,
noch hüllt mich sanfter Nebel ein
ganz still – nur ein paar Krähenschreie,
wann zeigt sich erster Sonnenschein?

Vorbei an Feldern, leer und offen,
Führt mein Weg durch diesen Morgen.
Welch ein Bild für neues Hoffen!
Ich ahne schon, was hier verborgen.

Was zart bedeckt von Nebelschwaden,
still von Geheimnissen umwoben,
nimmt mich hinein – wie eingeladen,
bis Herz und Sinne ganz erhoben.

Im Spüren solchen herbstlich' Lassens
Fließt mir ganz neu der Ruhe Kraft.
Enthüllt verborgene Oasen,
ermutigt mich zur Pilgerschaft.

So schenkt sich diese Morgenstunde
Mir trotz allem Grau in Grau;
„Alles offen!" heißt die Kunde –
Über'm Nebel: Himmels Blau!

Herbstliches Liebeslied

Nun lassen keine Vögel mehr
Ihr Liebeslied erklingen,
Nur noch die Winde pfeifen.
Doch inneren Fühlens Wiederkehr
Erweckt in mir ein Singen,
Lässt mich zur Feder greifen.

Was ist es bloß – so herzenswarm
Zieht es mich hin zu dir.
Ich seh' das Laub entschweben,
Die Bäume stehen leer und arm,
Doch ich bin voll Begier –
Ich schwebe auch – voll Leben!

Was hat sich da bloß aufgetan,
Was lange schon verborgen,
Nun quillt's wie junge Quelle.
Wie Wirbelwind, fast wie Orkan.
Will warten nicht bis morgen,
Bin gleich bei dir zur Stelle.

Jetzt im Herbst ein neues Grün!
Ja, so fühlt es sich mir an,
Hoffnungsvoller Liebesgruß!
Lass mir auch deine Liebe blüh'n,
Weil sie nicht länger warten kann,
Sie verlangt nach langem Kuss!

Gespräch mit einem Baum

Angelehnt an deinen Stamm
Im Spüren deiner Rindenhaut
Wird mir inne – wohl vertraut –,
Was uns verbindet wundersam.

Wie leicht lässt du die Blätter los,
Die Herbstes Lüfte dir entführen,
Schenkst dich im Lassen und Verlieren
Verankert fest im Erdenschoß.

Ich lern' aus deiner Wurzelwelt
Der Einfachheit verborgene Kraft,
Die immer neues Blühen schafft,
Sich ausstreckt hoch ins Himmelszelt.

Des Lebens Urkraft hohes Gut
Gründet tief, entfaltet weit
Uns beide in Einmaligkeit,
Schenkt uns zum Miteinander Mut.

So will ich Selbstentfaltung wagen
In Freiheit und mit offenen Händen,
Mit meinem Leben Schatten spenden
In guten und in schweren Tagen.

Neuer Aufbruch

Warum soll denn der Herbst mich grämen,
nur weil der Sommer Abschied nimmt?
Ich werd' mich nicht der Freude schämen,
Erwartungsvoll und frohgestimmt
Mir neuen Aufbruch vorzunehmen.

Jetzt ist es gute Zeit zu schauen,
Was das Vergangene uns schenkte.
Wächst daraus doch ein neues Trauen
Dem, der alles schuf und lenkte.
Darauf will ich weiter bauen.

Ich will mich üben, loszulassen,
Wie Bäume, die ihr buntes Kleid
Den Stürmen schenken ohne Hassen.
Ich will in stiller Heiterkeit
Dem Herbst mein eig'nes Ständchen blasen:

Was unter Knospen noch verborgen,
Will doch – ich weiß es! – Leben künden,
Mich weisen heute schon ins Morgen.
Dort lässt sich neuer Frühling finden –
Drum brech' ich auf – lass' alle Sorgen!

Herbsttraum

Von Weitem schon ertönt ihr Schrei –
Ein Kranichzug durchzieht die Luft,
Das Jahr bei uns ist nun vorbei,
Weil südlich neues Leben ruft.

Ich schau' den Vögeln lange nach,
Spür auch, dass eine Antwort will
In mir ins Wort, ganz sanft und wach
Wie leises, stilles Saitenspiel.

Der Vogelzug – ein Fernweh-Bild?
Hab' ich dies' Jahr etwas versäumt?
Ruft eine Sehnsucht ungestillt?
Ist meine Zukunft ausgeträumt?

Nein, in den Tiefen meiner Seele
Weiß ich: Ich brauche keine Zügel,
Die Stille zeigt mir frei und helle:
Meine Träume haben Flügel!

Leben wie Bäume

Dort wachsen wollen,
wo Gott mich hingedacht,
dort reifen, streben
und in der Kraft des vollen
reinen Grundes sacht
und ganz zu leben.

Je tiefer Wurzeln drängen
zur ird'nen Heimat-Ruh',
die Quelle aufzuspüren –
so reck' ich mich den Klängen
aus höchster Höhe zu –
sie will ich nicht verlieren.

In bester Jahre Pracht
aufblühen schattenfremd,
berühren Himmels Blau,
erleiden Glut und Nacht,
von Stürmen wild durchkämmt,
geküsst von Tränen-Tau.

Frag mich, woher, wohin,
ich sag' es dir im Stillen:
Ich leb' aus Seinem Samen.
Ich bin, so wie ich bin,
ein Du aus Seinem Willen,
denn Er ruft mich beim Namen!

Wesensbaum

In wasserwurzelndem Wachsen
Ein Wille – in Wellen empor
Wesend in wunschlosem Warten
Winden und Wettern zur Wehr.

Ein Wissen ist es, ein weises,
Ein wundersam wortloses Wort
Würdevoll wachsam und weit
Weisend zur ewigen Wohnung.

Wage den Weg in das Wahre
Wurzelnd in wegloser Weite
Dein Werden werde zur Weisheit
Zum Wohlklang in währender Wonne.

Beim Fallen der Blätter

Beim Fallen der Blätter
Fürchte ich nichts.
Schutzlos freue ich mich
Und wage den Tag.
Mein Leben so einzig
Wie verwehendes Laub,
Jedes Blatt ein Gedicht
In Farbe und Form
Geschaffen so heiter
Aus Nichts und für Alles
Ein jedes ganz eins.

Die Jahre verwehen
Wie Herbstlaub im Wind
Erlöst von sich selbst
In Schönheit gereift
Doch ohne zu achten
Auf den Beifall der Welt.
Jedes Jahr findet Platz
Im überall Einen
Und weiter nichts
Als Teil doch des Ganzen.

Dezember

Jetzt steckt man kalte Füße
In wohlig warme Socken,
Bleibt gern im Warmen hocken,
Genießt Gebäck voll Süße.

Der Kalender wird schon dünn,
Bald ist das Jahr entrückt,
Unsre Kinder schau'n verzückt
Zum Heiligen Abend hin.

Die längste Winternacht
Gebiert die große Wende,
Wenn alles geht zu Ende,
Wird alles neu gemacht.

Das Brot in unseren Händen,
Der Wein auf unserem Tisch
Weist uns verschwenderisch
Auf seliges Vollenden.

Der sich in unsere Nächte gab
Als Mensch für uns geboren,
Gibt niemanden verloren,
Siegt über Tod und Grab.

Am Jahresende

Wenn sich das Jahr zum Ende neigt,
Wenn sich allmählich Abschied zeigt,
In Feldern, Bäumen, allem Grün,
Dann jauchzt mein Herz und lacht
Ob aller Farbenpracht,
Lässt Sommerträume zieh'n.

Was meiner Sinne Sehnen stillt,
Ist, dass sich nun mit Früchten füllt
Der vielen Tage Mühe.
Wir essen Brot, wir trinken Wein,
Wir können uns des Lebens freu'n,
Trotz Nebel in der Frühe.

Bevor sich schließt der Jahreslauf
Steht noch einmal der Kluge auf:
Jetzt ist es gut, zu pflanzen.
Denn auch das nächste Jahr nicht minder
Soll wieder sein für unsere Kinder
Erntezeit, voll Dank zu tanzen.

Schlusswort

Wenn jedes Blatt an meinem Lebensbaum
Im Buch der vielen Jahre, Tage, Stunden
Zu einer Blüte würde – welch ein Traum! –
Das wär', wie wenn ein Siegeskranz gebunden,

Ein Kreis ohn' Anfang, ohne Ende,
So sehnsuchtsvoll, in unbeirrtem Streben,
Wie wenn die vielen Widerstände
Alle münden in sinnerfülltes Leben.

Wir ahnen, hoffen und erfühlen,
Dass wir berufen sind so grenzenlos.
Auch wenn sich viele Wünsche nicht erfüllen,
Bleibt doch Geborgensein in Gottes Mutterschoß.